# Descubre la libertad financiera
# financiera
# Guía práctica de frugalismo

Este libro está destinado únicamente para fines de entretenimiento y no debe ser considerado como asesoramiento financiero. El autor y el editor no se hacen responsables de cualquier decisión financiera que el lector pueda tomar después de leer este libro. Se recomienda siempre buscar asesoramiento financiero profesional antes de tomar cualquier decisión financiera importante.

# Introducción al frugalismo

¿Qué es el frugalismo? ¿Por qué se ha vuelto tan popular en los últimos años? ¿Por qué deberías considerar adoptar este estilo de vida?

El frugalismo es una filosofía de vida que se basa en la idea de que podemos vivir de manera más plena y satisfactoria al reducir nuestro consumo de bienes y servicios superfluos. El objetivo principal del frugalismo es alcanzar la independencia financiera, es decir, tener suficiente dinero ahorrado para poder vivir sin trabajar, o al menos sin tener que trabajar en un trabajo que no nos gusta.

El frugalismo no es una moda pasajera o una tendencia temporal. Es una filosofía de vida que tiene sus raíces en la antigua sabiduría de la frugalidad y la simplicidad. Los frugalistas han aprendido a vivir con menos y a disfrutar más de la vida. Han descubierto que la libertad financiera no está reservada solo para los ricos, sino que es algo que cualquiera puede alcanzar.

El frugalismo se basa en tres pilares fundamentales: ahorrar, simplificar y ser libre. Ahorrar significa gastar menos de lo que ganamos y guardar la diferencia. Simplificar significa deshacernos de lo que no necesitamos y centrarnos en lo que realmente importa. Ser libre significa tener la capacidad de tomar decisiones sin preocuparnos por el dinero.

El frugalismo puede ayudarnos a alcanzar nuestras metas financieras, pero también tiene otros beneficios. Al vivir con menos, podemos reducir nuestro impacto en el medio ambiente y tener una vida más sostenible. Además, el frugalismo puede ayudarnos a cultivar la gratitud y la felicidad al centrarnos en lo que realmente importa en la vida.

Aunque el frugalismo puede sonar aburrido y restrictivo, en realidad es todo lo contrario. Los frugalistas han aprendido a ser creativos y a encontrar formas de disfrutar de la vida sin gastar demasiado dinero. Por ejemplo, en lugar de gastar dinero en entretenimiento costoso, pueden disfrutar de actividades al aire libre, leer, pasar tiempo con amigos y familiares, y muchas otras cosas más.

El frugalismo no es para todos, pero puede ser una opción atractiva para aquellos que buscan una vida más plena y satisfactoria. En los capítulos siguientes, exploraremos más a fondo los principios del frugalismo y cómo pueden ayudarte a alcanzar tus metas financieras y personales.

# La filosofía detrás del frugalismo

El frugalismo es más que simplemente ahorrar dinero y vivir con menos. Es una filosofía de vida que se basa en una serie de principios fundamentales que tienen sus raíces en la antigua sabiduría de la frugalidad y la simplicidad. En este capítulo, exploraremos la filosofía detrás del frugalismo y cómo puede ayudarnos a vivir una vida más plena y satisfactoria.

En su núcleo, el frugalismo es una respuesta al consumismo desenfrenado que ha dominado nuestra sociedad moderna. Estamos rodeados por una cultura que nos dice que necesitamos comprar cosas para ser felices y exitosos. Pero el frugalismo nos invita a cuestionar esa narrativa y a encontrar una forma más saludable y sostenible de vivir.

Uno de los principios fundamentales del frugalismo es la simplicidad. Los frugalistas han aprendido a vivir con menos y a encontrar la felicidad en las cosas más simples de la vida. En lugar de acumular cosas, buscan la belleza en la simplicidad y la elegancia en la funcionalidad.

Otro principio importante del frugalismo es la independencia financiera. Los frugalistas buscan ahorrar tanto dinero como sea posible para tener la libertad de hacer lo que quieran en la vida. En lugar de estar atados a un trabajo que no les gusta, buscan la libertad financiera para poder seguir sus pasiones y hacer lo que realmente les importa.

La gratitud es también un principio importante del frugalismo. Los frugalistas han aprendido a apreciar lo que tienen en lugar de centrarse en lo que les falta. En lugar de preocuparse por lo que no pueden comprar, se centran en disfrutar de las cosas simples de la vida, como pasar tiempo con sus seres queridos, disfrutar de la naturaleza y aprender cosas nuevas.

Otro principio importante del frugalismo es la sostenibilidad. Los frugalistas se dan cuenta de que nuestras acciones tienen un impacto en el mundo que nos rodea. Al vivir con menos, podemos reducir nuestro impacto en el medio ambiente y vivir una vida más sostenible.

En resumen, el frugalismo es una filosofía de vida que nos invita a vivir de forma más simple, más sostenible y más libre. Al adoptar los principios del frugalismo, podemos encontrar la felicidad y la satisfacción en las cosas más simples de la vida, y tener la libertad de hacer lo que realmente nos importa. En los siguientes capítulos, exploraremos más a fondo cómo podemos aplicar estos principios en nuestras vidas diarias.

# ¿Por qué deberías adoptar el frugalismo?

El frugalismo es una forma de vida que puede tener muchos beneficios para tu economía y estilo de vida. En este capítulo, exploraremos algunas de las razones por las que deberías considerar adoptar el frugalismo en tu vida.

1. Ahorro de dinero

Una de las razones más evidentes para adoptar el frugalismo es el ahorro de dinero. Al vivir con menos y ser consciente de tus gastos, puedes reducir tus costos de vida y ahorrar una cantidad significativa de dinero. Esto puede significar tener más dinero para ahorrar para emergencias, invertir en tu futuro o simplemente tener más libertad financiera para hacer lo que realmente quieres en la vida.

2. Menos estrés financiero

Vivir al límite de tus medios financieros puede ser extremadamente estresante. El frugalismo puede ayudarte a reducir ese estrés al aprender a vivir con menos y ahorrar para el futuro. Cuando tienes un colchón financiero, te sientes más seguro y más capaz de manejar cualquier imprevisto que pueda surgir.

3. Mayor libertad y flexibilidad

Al ahorrar más dinero y vivir con menos, puedes tener una mayor libertad y flexibilidad en tu vida. Si tienes un trabajo que no te gusta, puedes permitirte renunciar y buscar otro que te haga más feliz. Si quieres viajar más, puedes ahorrar para eso y tomar el tiempo libre que necesites para hacerlo. La libertad financiera es una parte importante de la filosofía del frugalismo.

## 4. Menor impacto ambiental

El frugalismo también puede tener beneficios para el medio ambiente. Al vivir con menos y ser consciente de tus gastos, puedes reducir tu huella de carbono y disminuir tu impacto en el medio ambiente. Por ejemplo, al comprar menos productos empaquetados y comprar más productos locales y orgánicos, puedes reducir la cantidad de residuos que generas y apoyar prácticas más sostenibles.

## 5. Mayor satisfacción y felicidad

Finalmente, el frugalismo puede llevarte a una mayor satisfacción y felicidad en la vida. Al centrarte en lo que realmente importa y disfrutar de las cosas simples, puedes encontrar una mayor felicidad en tu día a día. En lugar de perseguir cosas materiales, puedes centrarte en tus relaciones, tus hobbies y tus pasiones, lo que puede ser mucho más gratificante a largo plazo.

En resumen, adoptar el frugalismo puede tener muchos beneficios para tu economía y estilo de vida. Desde el ahorro de dinero hasta la reducción del estrés financiero, la libertad financiera y la satisfacción en la vida, el frugalismo puede ser una forma de vida gratificante y sostenible. En los siguientes capítulos, exploraremos más a fondo cómo puedes adoptar los principios del frugalismo en tu propia vida.

# La diferencia entre el frugalismo y el minimalismo

A menudo se confunden los términos "frugalismo" y "minimalismo", pero en realidad son dos filosofías de vida distintas con algunas similitudes. En este capítulo, exploraremos la diferencia entre el frugalismo y el minimalismo.

El minimalismo se centra en simplificar tu vida eliminando lo superfluo. Se trata de deshacerte de lo que no necesitas y quedarte con lo esencial. El minimalismo puede aplicarse a muchas áreas de la vida, desde tu hogar hasta tus relaciones y tus finanzas. Al adoptar el minimalismo, puedes reducir el estrés y la ansiedad que puede generar el exceso de posesiones y centrarte en lo que realmente importa en tu vida.

Por otro lado, el frugalismo se centra en vivir con menos y ser consciente de tus gastos. Se trata de reducir tus costos de vida y ahorrar dinero para poder alcanzar la libertad financiera y disfrutar de la vida de una manera más sencilla y gratificante. Al adoptar el frugalismo, puedes aprender a gastar de manera más inteligente y evitar caer en la trampa del consumismo.

Aunque hay ciertas similitudes entre el frugalismo y el minimalismo, la principal diferencia radica en sus objetivos. El minimalismo busca simplificar la vida para poder encontrar la felicidad y la paz interior, mientras que el frugalismo busca reducir los gastos para poder alcanzar la libertad financiera y tener más opciones en la vida.

Otra diferencia importante entre el frugalismo y el minimalismo es la forma en que se aplican a la vida cotidiana. El minimalismo puede implicar deshacerse de las cosas que no necesitas, pero no necesariamente se centra en el ahorro de dinero. El frugalismo, por otro lado, se centra en reducir los costos de vida y gastar de manera más inteligente.

Es importante tener en cuenta que el frugalismo y el minimalismo no son mutuamente excluyentes. De hecho, muchas personas adoptan ambas filosofías en sus vidas. Al vivir con menos y ser consciente de tus gastos, puedes simplificar tu vida y ahorrar dinero al mismo tiempo.

En resumen, el frugalismo y el minimalismo son dos filosofías de vida distintas que comparten algunas similitudes. El minimalismo se centra en simplificar la vida eliminando lo superfluo, mientras que el frugalismo se centra en reducir los costos de vida y gastar de manera más inteligente para alcanzar la libertad financiera. Si bien estas filosofías pueden aplicarse de manera separada, también pueden combinarse para crear una forma de vida aún más gratificante y sostenible.

# Frugalismo y sostenibilidad

El frugalismo no solo es una filosofía de vida que te permite ahorrar dinero y vivir con menos, sino que también puede ayudarte a reducir tu huella ecológica. En este capítulo, exploraremos cómo el frugalismo puede contribuir a la sostenibilidad y protección del medio ambiente.

Una de las principales formas en que el frugalismo puede ayudar a reducir nuestra huella ecológica es a través de la reducción del consumo. Al vivir con menos y ser consciente de lo que realmente necesitas, puedes reducir la cantidad de productos que consumes. Esto, a su vez, reduce la cantidad de recursos naturales necesarios para producir esos productos.

Además, el frugalismo promueve el uso consciente y duradero de los productos. En lugar de comprar cosas nuevas todo el tiempo, el frugalismo te anima a reparar y reutilizar las cosas que ya tienes. Esto no solo reduce el consumo de recursos naturales, sino que también reduce la cantidad de desechos que generas.

Otra forma en que el frugalismo contribuye a la sostenibilidad es a través de la reducción de los residuos. Al consumir menos y ser consciente de tus compras, puedes reducir la cantidad de desechos que generas. Además, el frugalismo te anima a reciclar y compostar, lo que reduce aún más tu huella ecológica.

El frugalismo también puede contribuir a la sostenibilidad a través del uso de transporte sostenible. Al ser consciente de tus gastos, puedes reducir la cantidad de dinero que gastas en gasolina y transporte en general. Esto puede fomentar el uso de medios de transporte más sostenibles, como caminar, andar en bicicleta o utilizar el transporte público.

Por último, el frugalismo puede promover la sostenibilidad a través del uso de energía y agua. Al ser consciente de tus gastos, puedes reducir el uso de energía y agua en tu hogar. Por ejemplo, puedes apagar las luces cuando no las estás usando, instalar bombillas de bajo consumo, reducir el tiempo de ducha y reparar cualquier fuga de agua que pueda estar ocurriendo.

En resumen, el frugalismo puede contribuir significativamente a la sostenibilidad y protección del medio ambiente. Al reducir el consumo, reciclar, compostar, utilizar transporte sostenible y reducir el uso de energía y agua, puedes reducir tu huella ecológica y contribuir a un futuro más sostenible y próspero para todos.

# ¿Cómo empezar a ser frugal?

Si te sientes inspirado por el frugalismo y quieres comenzar a ahorrar dinero y reducir tus gastos, este capítulo es para ti. Aquí te presentamos algunos consejos prácticos que te ayudarán a comenzar tu camino hacia una vida más frugal.

1. Comprende tus gastos y establece un presupuesto Lo primero que debes hacer para empezar a ser frugal es entender en qué estás gastando tu dinero. Realiza una lista de todos tus gastos mensuales y establece un presupuesto para cada categoría. De esta manera, podrás identificar áreas en las que puedes reducir gastos.

2. Reduce tus gastos en alimentos La comida es una de las áreas en las que podemos gastar más dinero. Al reducir los costos de los alimentos, podrás ahorrar mucho dinero en el largo plazo. Compra productos de temporada, evita comer fuera de casa, cocina en grandes cantidades y utiliza cupones y ofertas para ahorrar en tus compras.

3. Reduce los gastos en transporte Otro gasto importante es el transporte. Para reducir los gastos de transporte, considera opciones como caminar, andar en bicicleta o utilizar el transporte público en lugar de usar tu vehículo propio. Si necesitas usar tu coche, intenta combinar tus viajes para ahorrar en gasolina.

4. Reutiliza y repara En lugar de comprar cosas nuevas todo el tiempo, intenta reutilizar y reparar las cosas que ya tienes. Por ejemplo, si tu ropa tiene pequeños agujeros o roturas, intenta repararlas en lugar de comprar algo nuevo. Si tienes objetos que

ya no necesitas, considera venderlos o donarlos en lugar de tirarlos.

5. Reduce los costos de entretenimiento El entretenimiento también puede ser una fuente importante de gastos. Considera alternativas más económicas, como ir al parque, al cine al aire libre o hacer una noche de juegos en casa con amigos.

6. Haz uso de ofertas y cupones Aprovecha las ofertas y cupones para reducir los gastos en productos y servicios. Busca cupones en línea, utiliza aplicaciones que te ayuden a ahorrar y aprovecha las ofertas de las tiendas locales.

7. Ahorra en energía Puedes reducir significativamente tus gastos en energía al hacer pequeños cambios en tus hábitos diarios. Apaga las luces cuando no las estás usando, utiliza bombillas de bajo consumo, ajusta la temperatura de tu hogar para ahorrar en calefacción y aire acondicionado, y reduce la cantidad de agua que utilizas al lavar la ropa y platos.

En resumen, ser frugal no significa que debas vivir una vida sin placer ni comodidad, sino que se trata de ser consciente de tus gastos y reducir los que no son necesarios. Con estos consejos prácticos, podrás comenzar a ahorrar y disfrutar de una vida más equilibrada y plena.

# La importancia de establecer metas financieras

¿Alguna vez has sentido que no tienes un plan financiero claro? ¿Te cuesta ahorrar dinero porque no tienes objetivos claros? Establecer metas financieras es esencial para mantener una vida financiera saludable y el frugalismo es una herramienta poderosa para ayudarte a alcanzar esas metas.

1. La importancia de establecer metas financieras Establecer metas financieras es importante porque te ayuda a darle dirección a tu vida financiera. Al establecer metas, te estás dando un propósito y un camino a seguir para alcanzar tus objetivos. Sin metas financieras claras, es fácil caer en la tentación de gastar dinero en cosas que no necesitas y no avanzar en tus objetivos financieros.

2. Cómo el frugalismo te ayuda a alcanzar tus metas financieras El frugalismo es una herramienta muy efectiva para alcanzar tus metas financieras porque se centra en reducir gastos y gastar dinero de manera consciente en cosas que son importantes para ti. Al gastar menos, puedes ahorrar más dinero y alcanzar tus metas financieras más rápidamente.

3. Cómo establecer metas financieras Para establecer metas financieras, es importante tener una visión clara de lo que quieres lograr. Empieza por escribir una lista de tus objetivos financieros a largo plazo, como comprar una casa, pagar tus deudas, ahorrar para la jubilación, etc. A continuación, desglosa estos objetivos en metas a corto plazo y establece un plazo para alcanzarlas.

4. Cómo el frugalismo te ayuda a ahorrar dinero para alcanzar tus metas financieras Al aplicar los principios del frugalismo, puedes ahorrar mucho dinero. Al gastar menos en cosas que no necesitas, puedes ahorrar más y destinar ese dinero a tus metas financieras. Algunas formas en que el frugalismo te ayuda a ahorrar dinero incluyen:

- Cocinar en casa en lugar de comer fuera
- Comprar ropa usada o en descuento
- Reducir los gastos en transporte
- Reutilizar y reparar cosas en lugar de comprar nuevas
- Ahorrar en entretenimiento

5. La importancia de medir tu progreso Una vez que hayas establecido tus metas financieras y hayas empezado a aplicar los principios del frugalismo, es importante medir tu progreso. Esto te permitirá ver cuánto has avanzado hacia tus objetivos y ajustar tu plan si es necesario.

En resumen, establecer metas financieras es esencial para mantener una vida financiera saludable y el frugalismo es una herramienta poderosa para ayudarte a alcanzar esas metas. Al aplicar los principios del frugalismo y establecer metas claras, podrás ahorrar más dinero y avanzar hacia una vida financiera más estable y plena.

# Los mitos más comunes sobre el frugalismo

El frugalismo a menudo es malinterpretado como una forma de vida aburrida y restrictiva, pero en realidad es todo lo contrario. En este capítulo, exploraremos los mitos más comunes sobre el frugalismo y explicaremos por qué no son ciertos.

1. El mito de que el frugalismo es aburrido Muchas personas asumen que el frugalismo es aburrido porque implica reducir los gastos y no gastar dinero en cosas que no son necesarias. Sin embargo, el frugalismo no significa que debas renunciar a todo lo divertido en la vida. En lugar de eso, se trata de gastar tu dinero de manera consciente en cosas que realmente disfrutas y te importan. El frugalismo también te permite explorar opciones creativas para divertirte, como actividades al aire libre, juegos de mesa y noches de cine en casa con amigos.

2. El mito de que el frugalismo es restrictivo Otro mito común es que el frugalismo es restrictivo porque implica limitar tus opciones y no tener acceso a ciertas cosas. Sin embargo, el frugalismo no se trata de privarse de todo lo que quieres, sino de priorizar tus gastos para que puedas tener las cosas que realmente importan. Esto puede incluir invertir en tus hobbies, viajes y la educación, mientras que limitas los gastos en cosas que no te importan tanto.

3. El mito de que el frugalismo es solo para personas con bajos ingresos Algunas personas asumen que el frugalismo solo es para personas con bajos ingresos, pero en realidad, cualquiera puede ser frugal. El

frugalismo es una forma de vida que se enfoca en gastar el dinero de manera consciente, independientemente del nivel de ingresos que tengas.

4. El mito de que el frugalismo es solo para ahorrar dinero Aunque el frugalismo puede ayudarte a ahorrar dinero, no es su único objetivo. El frugalismo también puede ayudarte a reducir el estrés financiero y a enfocarte en las cosas que realmente te importan. Al gastar menos en cosas que no son importantes, puedes destinar más dinero y recursos a las cosas que sí lo son.

5. El mito de que el frugalismo es difícil de mantener Algunas personas pueden pensar que el frugalismo es difícil de mantener a largo plazo, pero en realidad es una forma de vida sostenible que puede ser fácil de mantener. Al adoptar el frugalismo como un estilo de vida, puedes hacer cambios graduales y a largo plazo que te permitan ahorrar dinero y reducir tus gastos de manera sostenible.

En resumen, el frugalismo no es aburrido ni restrictivo, y no está limitado a las personas con bajos ingresos. En lugar de eso, se trata de gastar el dinero de manera consciente y priorizar las cosas que realmente importan. Al adoptar el frugalismo como un estilo de vida sostenible, puedes reducir el estrés financiero y enfocarte en las cosas que te hacen feliz y pleno.

# La alimentación frugal

La alimentación es uno de los aspectos más importantes a la hora de adoptar un estilo de vida frugal. Muchas personas creen que la alimentación frugal se basa en comer alimentos baratos y poco saludables, pero esto no es cierto. De hecho, el frugalismo puede ayudarte a comer mejor, ahorrar dinero y reducir tu impacto ambiental.

Una de las claves para una alimentación frugal es la planificación. Al planificar tus comidas con anticipación, puedes reducir los desperdicios, evitar comer fuera de casa y aprovechar mejor los descuentos y ofertas en los supermercados. También puedes ahorrar tiempo y dinero al cocinar grandes cantidades de alimentos y congelar las sobras para futuras comidas.

Otra estrategia es comprar alimentos de temporada y en oferta. Los alimentos de temporada son más frescos, sabrosos y económicos, ya que no requieren transportes largos ni conservación en cámaras frigoríficas. También puedes aprovechar las ofertas en productos a punto de caducar, que suelen tener un descuento significativo y pueden ser congelados o consumidos inmediatamente.

Además, puedes ahorrar dinero y mejorar tu salud al reducir el consumo de carne y productos procesados. Las proteínas vegetales, como las legumbres, frutos secos y semillas, son una opción económica y saludable. También puedes incorporar más frutas y verduras en tu dieta, que además de ser saludables y nutritivas, pueden ser muy económicas.

Por último, no te olvides de llevar tu comida al trabajo o a la escuela en lugar de comprarla fuera de casa. Preparar tus comidas en casa te permite controlar los ingredientes, las porciones y el gasto. Además, puedes llevar tus propios snacks y bebidas en lugar de comprarlos en las máquinas expendedoras o en tiendas de conveniencia.

En resumen, la alimentación frugal no significa comer alimentos de baja calidad o hacer sacrificios en tu salud. Al planificar tus comidas, aprovechar las ofertas, comprar alimentos de temporada y reducir el consumo de carne y productos procesados, puedes ahorrar dinero y mejorar tu alimentación. Además, al llevar tu comida al trabajo o a la escuela, puedes reducir los gastos y los desperdicios, y contribuir a un estilo de vida más sostenible.

# Frugalismo y moda

La moda es una de las áreas donde se suele gastar más dinero, pero no tiene por qué ser así. El frugalismo puede ayudarte a vestir bien sin tener que gastar una fortuna en ropa. Aquí te dejamos algunos consejos para vestir de forma elegante y económica.

1. Compra ropa de segunda mano. Las tiendas de segunda mano y las ventas de garaje son una excelente manera de encontrar ropa de calidad a precios bajos. Puedes encontrar prendas que están prácticamente nuevas por una fracción del precio original.
2. Revisa tu armario. Antes de comprar ropa nueva, revisa lo que ya tienes en tu armario. A menudo, se pueden crear nuevos looks combinando diferentes prendas que ya tienes.
3. Apuesta por prendas básicas y atemporales. Las prendas básicas y atemporales pueden ser utilizadas en diferentes temporadas y ocasiones. Invierte en camisetas, pantalones y chaquetas que sean versátiles y de buena calidad.
4. Haz tu propia ropa. Si tienes habilidades de costura, hacer tu propia ropa puede ser una excelente manera de ahorrar dinero y obtener prendas exclusivas. Además, puedes personalizar la ropa para que se adapte a tus necesidades y gustos.
5. Intercambia ropa con amigos. Organiza una noche de intercambio de ropa con amigos y familiares. Puedes intercambiar prendas que ya no te gustan o que ya no te quedan bien, y obtener ropa nueva sin gastar dinero.

6. Espera a las rebajas. Si necesitas ropa nueva, espera a las rebajas para obtener descuentos significativos en las tiendas. También puedes buscar cupones y códigos promocionales en línea para ahorrar aún más.
7. Cuida tus prendas. Para que la ropa dure más tiempo, es importante cuidarla adecuadamente. Sigue las instrucciones de lavado y secado, y asegúrate de guardarla correctamente en tu armario.

En resumen, vestir bien no tiene por qué ser costoso. Al comprar ropa de segunda mano, revisar tu armario, invertir en prendas básicas y atemporales, hacer tu propia ropa, intercambiar ropa con amigos, esperar a las rebajas y cuidar tus prendas, puedes vestir con estilo sin tener que gastar una fortuna. Además, al reducir el consumo de ropa nueva, contribuyes a un estilo de vida más sostenible.

# Ahorro en transporte

El transporte es una parte importante de nuestras vidas y puede ser un gasto significativo. Ya sea que estemos comprando gasolina para nuestro automóvil, pagando el transporte público o comprando un automóvil nuevo, el transporte puede ser un gasto importante en nuestro presupuesto. Afortunadamente, hay muchas formas en que podemos ahorrar dinero en transporte sin sacrificar nuestra comodidad o necesidades de viaje. Aquí hay algunos consejos para reducir los gastos de transporte:

1. Usa el transporte público: El transporte público es a menudo mucho más barato que tener un automóvil propio. Si vives en una ciudad con un buen sistema de transporte público, considera usarlo para desplazarte. Los autobuses, trenes y tranvías pueden ser una forma económica y conveniente de moverte por la ciudad.

2. Usa una bicicleta: Las bicicletas son una excelente manera de ahorrar en transporte. Además, el ciclismo es una forma de ejercicio y puede ser una forma rápida de llegar a tu destino, especialmente en ciudades congestionadas. Asegúrate de usar un casco y conocer las leyes locales de tráfico.

3. Comparte un automóvil: Si tienes amigos o familiares que viven cerca de ti, considera compartir un automóvil. Si cada persona se encarga de conducir el automóvil en días alternos, podrás ahorrar en gastos de gasolina y mantenimiento. Además, puede ser una forma divertida de pasar tiempo juntos y reducir las emisiones de carbono.

4. Compra un automóvil usado: Si necesitas un automóvil propio, considera comprar uno usado en

lugar de uno nuevo. Los automóviles nuevos pierden valor rápidamente, lo que significa que podrás ahorrar mucho dinero comprando un automóvil usado en buen estado. Asegúrate de investigar antes de comprar para encontrar el mejor precio y calidad.

5. Ahorra gasolina: Si tienes un automóvil, hay muchas formas de ahorrar en gasolina. Algunas de las formas más comunes incluyen mantener una velocidad constante, no acelerar o frenar bruscamente, mantener las llantas infladas y realizar un mantenimiento regular del automóvil.

6. Trabaja desde casa: Si tu trabajo lo permite, trabajar desde casa puede ser una excelente manera de ahorrar en transporte. Esto te ahorrará en gasolina, mantenimiento del automóvil y tiempo.

7. Usa cupones de descuento: Muchos lugares ofrecen cupones de descuento para el transporte público o para alquilar un automóvil. Busca en línea o en periódicos locales para encontrar cupones y ofertas.

Estos son solo algunos consejos para ahorrar en transporte. Recuerda que el transporte puede ser un gasto importante, pero hay muchas formas de reducirlo. Si estás dispuesto a ser un poco más frugal y creativo, podrás ahorrar dinero y ser más amigable con el medio ambiente.

# Frugalismo en el hogar

El hogar es uno de los lugares donde podemos aplicar más fácilmente los principios del frugalismo para ahorrar en nuestras facturas y reducir nuestro consumo de energía. A continuación, te presentamos algunos consejos prácticos para lograrlo:

1. Apaga los electrodomésticos y dispositivos electrónicos que no estés usando. Muchos de ellos siguen consumiendo energía incluso cuando están en modo de espera. Al apagarlos completamente, podrás ahorrar hasta un 10% de energía.
2. Usa bombillas LED de bajo consumo. Estas bombillas duran mucho más que las tradicionales y consumen hasta un 80% menos de energía.
3. Aprovecha la luz natural tanto como sea posible. Mantén las cortinas y persianas abiertas durante el día para permitir la entrada de luz natural y así reducir el uso de luz artificial.
4. Usa electrodomésticos de alta eficiencia energética. Al comprar nuevos electrodomésticos, busca aquellos que tengan una etiqueta de eficiencia energética de clase A. Estos electrodomésticos consumen menos energía que los de clase B o C.
5. Reduce el consumo de agua. Toma duchas más cortas y cierra el grifo mientras te lavas los dientes o te afeitas. También puedes instalar un inodoro de bajo consumo para reducir el uso de agua en el baño.
6. Haz uso eficiente de los electrodomésticos. Por ejemplo, no abras el horno con frecuencia mientras cocinas, ya que esto hace que pierda calor y

requiera más energía para volver a la temperatura adecuada.

7. Controla la temperatura de tu hogar. Ajusta el termostato a una temperatura más baja durante la noche o cuando no estés en casa. Además, asegúrate de mantener tu hogar bien aislado para reducir la pérdida de calor en invierno y la entrada de calor en verano.

8. Usa plantas para decorar tu hogar. Las plantas no solo mejoran la calidad del aire interior, sino que también pueden ayudar a reducir la temperatura en verano y aumentarla en invierno.

Al aplicar estos consejos en tu hogar, podrás reducir significativamente tus facturas y tu consumo de energía, lo que a su vez te ayudará a ahorrar dinero y a cuidar el medio ambiente.

# Vacaciones frugales

Las vacaciones son una forma maravillosa de relajarse, desconectar de la rutina y disfrutar de nuevas experiencias y aventuras. Sin embargo, el costo de los viajes puede ser un obstáculo para muchas personas. Es por eso que el frugalismo puede ser una excelente herramienta para viajar con poco dinero.

En este capítulo, te mostraremos algunas estrategias para que puedas disfrutar de unas vacaciones frugales sin sacrificar la calidad ni la diversión.

1. Planea con anticipación

Una de las claves para unas vacaciones frugales es planear con anticipación. Esto te permitirá encontrar las mejores ofertas en vuelos, alojamiento y actividades. Además, te permitirá ahorrar dinero al evitar el costo de las reservas de última hora.

2. Viaja en temporada baja

Otra forma de ahorrar dinero en tus vacaciones es viajar en temporada baja. Los precios de los vuelos y el alojamiento suelen ser más bajos durante los meses menos turísticos del año. Además, encontrarás menos gente en los lugares turísticos, lo que te permitirá disfrutar de una experiencia más auténtica.

3. Busca ofertas y descuentos

Hoy en día, existen muchas herramientas para encontrar ofertas y descuentos en alojamiento, transporte y actividades turísticas. Puedes encontrar ofertas en sitios web especializados en viajes, en aplicaciones móviles y en redes sociales. Además, muchos destinos turísticos ofrecen pases turísticos que incluyen varias atracciones a precios reducidos.

4. Alojamiento económico

El alojamiento suele ser uno de los mayores gastos de unas vacaciones. Sin embargo, existen opciones económicas como albergues, campings y casas de huéspedes. Además, puedes optar por alojarte en apartamentos de alquiler vacacional que suelen ser más económicos que los hoteles convencionales.

5. Comida local y económica

Otra forma de ahorrar dinero en tus vacaciones es comiendo comida local y económica. En lugar de ir a restaurantes turísticos caros, busca lugares donde los locales coman. Puedes preguntarle a la gente del lugar o buscar recomendaciones en sitios web y aplicaciones de viajes.

6. Transporte local

Una forma económica de desplazarse durante tus vacaciones es utilizar el transporte local. Muchas ciudades ofrecen tarjetas de transporte turístico que te permiten usar el transporte público de forma ilimitada a un precio reducido. Además, puedes optar por caminar o alquilar bicicletas para recorrer los lugares turísticos de forma más económica.

En resumen, unas vacaciones frugales no tienen por qué ser aburridas ni limitantes. Planificar con anticipación, buscar ofertas y descuentos, alojamiento económico, comida local y económica y transporte local pueden hacer que tus vacaciones sean económicas y a la vez llenas de experiencias inolvidables.

# La educación frugal

La educación es una de las áreas más importantes de nuestra vida, pero también puede ser una de las más costosas. Desde la educación infantil hasta la universidad, los costos pueden ser abrumadores. Afortunadamente, el frugalismo puede ayudarnos a ahorrar en la educación de nuestros hijos y en nuestra propia educación. En este capítulo, exploraremos cómo el frugalismo puede aplicarse a la educación y cómo podemos ahorrar sin comprometer la calidad de la educación.

En primer lugar, es importante tener en cuenta que la educación no tiene que ser cara para ser efectiva. A menudo, los padres asumen que una escuela privada o un programa de tutoría costoso es la mejor opción para sus hijos, pero esto no siempre es cierto. De hecho, hay muchas opciones de educación gratuita o de bajo costo que pueden proporcionar una educación de alta calidad.

Una forma de ahorrar en la educación es considerar opciones de educación en línea. Cada vez hay más opciones en línea que ofrecen cursos y programas de grado de alta calidad a precios más bajos que las universidades tradicionales. Además, la educación en línea ofrece más flexibilidad en términos de horarios, lo que puede ser especialmente útil para aquellos que trabajan mientras estudian.

Otra forma de ahorrar en la educación es buscar opciones de becas y ayudas financieras. Muchas organizaciones y universidades ofrecen becas y programas de ayuda financiera para ayudar a los estudiantes a pagar por su educación. Asegúrate de investigar todas las opciones y de completar todas las solicitudes de becas y ayudas financieras que sean aplicables.

Además, los padres pueden ahorrar en la educación de sus hijos buscando programas educativos comunitarios. Algunas comunidades ofrecen programas educativos gratuitos o de bajo costo para niños, como programas de verano, talleres y actividades extracurriculares. Estos programas pueden ser una excelente manera de proporcionar una educación de calidad sin gastar una fortuna.

Por último, es importante tener en cuenta que la educación no se limita a la escuela. Los padres pueden enseñar a sus hijos habilidades importantes en casa, como la lectura, la escritura, las matemáticas y las habilidades de resolución de problemas. Incluso pueden crear un ambiente de aprendizaje en casa, alentando a sus hijos a leer libros y a participar en proyectos creativos.

En conclusión, la educación es una de las áreas más importantes de nuestras vidas, pero no tiene que ser costosa. Al aplicar los principios del frugalismo a la educación, podemos ahorrar dinero sin comprometer la calidad de la educación. Ya sea a través de la educación en línea, becas y ayudas financieras, programas educativos comunitarios o enseñanza en casa, hay muchas opciones de educación de bajo costo o gratuita disponibles para nosotros.

# Frugalismo y entretenimiento

El entretenimiento puede ser costoso, pero no necesariamente tiene que ser así. El frugalismo nos enseña a encontrar formas creativas y económicas de divertirnos sin gastar mucho dinero. En este capítulo, exploraremos diferentes maneras de disfrutar de nuestro tiempo libre sin tener que vaciar nuestras billeteras.

1. Busca eventos gratuitos en tu ciudad: Muchas ciudades tienen eventos gratuitos, desde conciertos en el parque hasta exposiciones de arte. Investiga en tu área y mantente informado de las actividades gratuitas que se lleven a cabo.

2. Aprovecha las bibliotecas públicas: Las bibliotecas son una fuente increíble de entretenimiento gratuito. Puedes encontrar una gran selección de libros, películas, música y juegos de mesa para todas las edades. Algunas bibliotecas también ofrecen programas de lectura de cuentos y otras actividades gratuitas.

3. Únete a un club de lectura: Un club de lectura es una excelente manera de conocer a nuevas personas y compartir tus intereses. Puedes unirte a un club de lectura en línea o en persona. Muchas bibliotecas tienen clubes de lectura gratuitos que puedes unirte.

4. Organiza una noche de juegos: Reúne a tus amigos y familiares y organiza una noche de juegos en casa. Puedes jugar juegos de mesa, cartas o juegos de video. También puedes organizar torneos y competencias para hacerlo más emocionante.

5. Disfruta del aire libre: El aire libre puede ser un gran lugar para divertirse sin gastar mucho dinero. Visita un parque local y disfruta de una caminata,

un picnic o un día de campo. También puedes ir a la playa o a un lago cercano y pasar el día nadando y tomando el sol.

6. Aprende una nueva habilidad: Aprender algo nuevo puede ser una forma emocionante de divertirte sin gastar mucho dinero. Busca clases gratuitas en tu área, como clases de baile, talleres de arte o cursos en línea.

7. Aprovecha las redes sociales: Las redes sociales son una excelente manera de encontrar eventos gratuitos y conocer a nuevas personas con intereses similares. Sigue a grupos locales y organizaciones que publiquen eventos gratuitos y únete a la conversación.

En resumen, el frugalismo no significa renunciar al entretenimiento, sino encontrar maneras creativas y económicas de disfrutar de nuestro tiempo libre. Con un poco de investigación y creatividad, puedes descubrir una variedad de actividades divertidas y gratuitas en tu área.

# La importancia de cultivar la gratitud en el frugalismo

La gratitud es una actitud esencial en el frugalismo. Al estar enfocados en ahorrar dinero y gastar menos, puede ser fácil caer en la mentalidad de la escasez y la privación, en la que se enfatiza lo que no tenemos en lugar de lo que sí tenemos. Sin embargo, cultivar la gratitud puede transformar nuestra perspectiva y ayudarnos a encontrar alegría y satisfacción en las pequeñas cosas.

Cuando somos agradecidos, nos enfocamos en lo que tenemos en lugar de lo que nos falta. En lugar de sentirnos frustrados porque no podemos permitirnos ciertas cosas, apreciamos lo que sí podemos permitirnos y disfrutamos de ello. Por ejemplo, en lugar de lamentarnos por no poder salir a cenar a un restaurante de lujo, podemos estar agradecidos por poder disfrutar de una cena casera con nuestros seres queridos.

La gratitud también nos ayuda a valorar lo que realmente importa en la vida. En lugar de enfocarnos en las cosas materiales, podemos apreciar nuestras relaciones, nuestras experiencias y nuestros momentos felices. La gratitud nos ayuda a ser conscientes de las cosas que realmente nos hacen felices y nos permite enfocar nuestra energía y recursos en ellas.

En el frugalismo, la gratitud puede ser especialmente importante porque puede ser fácil sentirse privado de ciertas cosas. Sin embargo, al cultivar la gratitud, podemos encontrar alegría y satisfacción en lo que tenemos y no enfocarnos en lo que nos falta.

Para cultivar la gratitud en el frugalismo, podemos hacer varias cosas. Primero, podemos hacer una lista de las cosas por las que estamos agradecidos cada día. Incluso las cosas más pequeñas pueden ser motivo de agradecimiento, como un día soleado o una buena taza de café. Segundo, podemos reflexionar sobre nuestras experiencias y momentos felices en lugar de enfocarnos en las cosas que no podemos permitirnos. Tercero, podemos compartir nuestra gratitud con los demás y mostrar aprecio por las personas importantes en nuestra vida.

En resumen, la gratitud es una actitud esencial en el frugalismo. Al cultivar la gratitud, podemos enfocarnos en lo que tenemos en lugar de lo que nos falta y valorar lo que realmente importa en la vida. La gratitud puede ayudarnos a encontrar alegría y satisfacción en las pequeñas cosas y transformar nuestra perspectiva sobre el frugalismo y la vida en general.

# La comunidad frugal

El frugalismo no se trata solo de ahorrar dinero, sino también de conectarse con una comunidad de personas que comparten los mismos valores y perspectivas. La comunidad frugal ofrece un espacio para aprender y compartir experiencias, consejos y recursos para vivir de manera sostenible y consciente.

Una de las principales ventajas de pertenecer a una comunidad frugal es la oportunidad de conocer a personas con las mismas metas y valores. Esto puede ser especialmente valioso si te encuentras rodeado de amigos o familiares que no entienden o no apoyan tus decisiones frugales. La comunidad frugal te permite encontrar personas que te apoyen, te motiven y te inspiren.

Además, la comunidad frugal también puede ser una gran fuente de recursos y conocimientos. Los miembros de la comunidad pueden compartir sus propias experiencias y consejos para ahorrar dinero y vivir de manera sostenible. Puedes encontrar información sobre productos y servicios asequibles, así como descubrir nuevas formas de reducir tus gastos.

Ser parte de una comunidad frugal también te brinda la oportunidad de involucrarte en proyectos y actividades que apoyan tus valores. Puedes unirte a un grupo de jardinería comunitaria, participar en un intercambio de habilidades o ayudar a organizar eventos que promuevan el frugalismo y la sostenibilidad. Esto puede ser una gran manera de conectarte con personas afines y hacer una contribución positiva a tu comunidad.

Por último, la comunidad frugal puede ayudarte a mantenerte motivado y comprometido con tus objetivos frugales. Al interactuar con otros frugalistas, puedes ver cómo otros han logrado ahorrar dinero y vivir de manera más consciente. También puedes recibir apoyo y motivación cuando te encuentres luchando o cuando te sientas tentado a gastar más de lo que deberías.

En resumen, la comunidad frugal ofrece una gran cantidad de beneficios para aquellos que buscan ahorrar dinero y vivir de manera más consciente. Puedes conocer a personas afines, encontrar recursos y conocimientos útiles, involucrarte en proyectos y actividades que apoyen tus valores y mantenerte motivado y comprometido con tus objetivos frugales. Si estás interesado en unirte a la comunidad frugal, hay muchas formas de conectarte con personas con intereses similares, ya sea en línea o en tu propia comunidad.

# Frugalismo y emprendimiento

El frugalismo no solo es una filosofía de vida y una forma de ahorrar dinero, sino que también puede ser una herramienta útil para aquellos que desean emprender un negocio. Al adoptar prácticas frugales, puedes reducir tus costos iniciales y mejorar tus posibilidades de éxito.

Para empezar, el frugalismo fomenta la creatividad y la innovación. Cuando tienes un presupuesto limitado, tienes que buscar soluciones creativas para resolver problemas y lograr tus objetivos. Esto puede llevarte a pensar de manera diferente y encontrar soluciones únicas que te diferencien de tus competidores. Además, al tener menos recursos, es más probable que te enfoques en lo que es realmente importante y no desperdicies recursos en cosas innecesarias.

Además, el frugalismo puede ayudarte a minimizar los costos de tu negocio. Puedes ahorrar en alquiler de oficinas caras al trabajar desde casa o en espacios compartidos. También puedes buscar maneras de ahorrar en suministros de oficina y en tecnología, optando por opciones más asequibles y duraderas. Incluso puedes ahorrar en publicidad y marketing, utilizando las redes sociales y el marketing de contenido para llegar a tu público objetivo.

Pero el frugalismo no solo se trata de ahorrar dinero. También puede ayudarte a construir una empresa ética y sostenible. Al minimizar los costos y ser consciente de los recursos, puedes reducir tu huella ecológica y crear un negocio más responsable. Además, al centrarte en el valor y la calidad en lugar del precio, puedes crear productos y servicios que sean realmente valiosos para tus clientes.

Por supuesto, el frugalismo no es la única clave del éxito empresarial. También necesitas habilidades empresariales sólidas, un modelo de negocio viable y una estrategia clara. Pero al adoptar prácticas frugales, puedes mejorar tus posibilidades de éxito al minimizar los riesgos y maximizar tus recursos limitados.

En resumen, el frugalismo puede ser una herramienta poderosa para los emprendedores que desean lanzar un negocio sin invertir una fortuna. Al adoptar prácticas frugales, puedes reducir tus costos iniciales, mejorar tu creatividad y construir una empresa ética y sostenible. Si estás pensando en emprender, considera cómo el frugalismo puede ayudarte a alcanzar tus objetivos y hacer crecer tu negocio.

# Frugalismo y filantropía

El frugalismo no se trata solo de ahorrar dinero para uno mismo, sino también de ser generoso con los demás. De hecho, muchos frugalistas creen que cuanto más ahorran, más pueden donar a organizaciones benéficas y causas importantes.

Una de las mejores maneras en que el frugalismo puede ayudarte a dar más a los demás es a través de la planificación cuidadosa y el uso consciente de tus recursos. Al ser más consciente de cómo gastas tu dinero, puedes identificar áreas donde puedes reducir tus gastos y ahorrar más para donar a las organizaciones benéficas que apoyas.

Además, al adoptar un estilo de vida frugal, puedes reducir tu huella ecológica y ayudar a proteger el medio ambiente. Esto también puede beneficiar a las comunidades vulnerables que sufren los efectos del cambio climático y la contaminación.

Otra forma en que el frugalismo puede ayudarte a ser más filantrópico es a través de la donación de tu tiempo y habilidades. En lugar de gastar tu dinero en entretenimiento costoso, considera dedicar parte de tu tiempo a trabajar como voluntario en una organización benéfica. También puedes utilizar tus habilidades y conocimientos para ayudar a otros en necesidad, ya sea a través de la enseñanza, la tutoría o el asesoramiento.

Además, el frugalismo puede ayudarte a ser más selectivo en tus compras, comprando a empresas que tienen valores similares y que apoyan las causas que te importan. Muchas empresas tienen programas de responsabilidad social corporativa y hacen donaciones a organizaciones benéficas. Al elegir comprar en estas empresas, estás apoyando su compromiso con la filantropía.

En resumen, el frugalismo puede ser una herramienta poderosa para ayudarte a dar más a los demás. Al ser consciente de tus gastos y reducir tus gastos innecesarios, puedes ahorrar más para donar a organizaciones benéficas y causas importantes. Además, al adoptar un estilo de vida frugal y respetuoso con el medio ambiente, puedes contribuir a un mundo mejor para todos.

# Cómo mantener la motivación en el frugalismo

Mantener la motivación es una de las claves para el éxito en cualquier empresa, y el frugalismo no es la excepción. Al principio, el entusiasmo por empezar a ahorrar y reducir gastos puede ser fuerte, pero con el tiempo, puede disminuir y ser tentador volver a los viejos hábitos. Sin embargo, hay algunas estrategias efectivas que pueden ayudar a mantener la motivación y la disciplina en el camino del frugalismo.

Una de las formas más efectivas de mantener la motivación es tener una visión clara y realista de tus objetivos a largo plazo. Piensa en por qué estás haciendo este cambio de estilo de vida y cómo te beneficiará a largo plazo. Ya sea para pagar deudas, ahorrar para una casa o jubilación anticipada, tener una visión clara de tus metas te mantendrá enfocado y motivado.

También es importante celebrar los pequeños logros. No te centres solo en las metas a largo plazo, sino celebra también los pequeños hitos que logras en el camino. Cada vez que ahorres dinero en una compra o reduzcas tus gastos mensuales, tómate un momento para reconocer y celebrar ese logro. Esto te ayudará a mantener una actitud positiva y motivada.

Otra forma de mantener la motivación en el frugalismo es encontrar formas de hacerlo más agradable. El ahorro no tiene por qué ser aburrido o restrictivo. Busca formas de hacerlo más entretenido o interesante para ti. Puedes encontrar ideas en blogs, libros o grupos de Facebook.

También puedes involucrar a amigos o familiares en el proceso de ahorro y hacerlo una actividad social.

Además, el frugalismo puede ser una oportunidad para experimentar con nuevas formas de vivir. Prueba nuevas recetas de comida económicas, busca alternativas para entretenerte que no involucren gastar dinero, y encuentra formas creativas de reducir tus gastos. A medida que descubras nuevas formas de vivir y ahorrar, podrás mantener tu motivación y entusiasmo por el frugalismo.

Por último, recuerda que el camino del frugalismo no es una carrera, sino una maratón. No te desanimes si tienes un mes difícil o te sientes tentado a volver a tus viejos hábitos. El frugalismo es un proceso de aprendizaje y mejora continua, y cada pequeño paso que das te acerca más a tus objetivos a largo plazo.

En resumen, mantener la motivación en el frugalismo puede ser un desafío, pero es posible. Ten una visión clara de tus metas a largo plazo, celebra los pequeños logros, busca formas de hacerlo más agradable, experimenta con nuevas formas de vivir y recuerda que es un proceso de aprendizaje. Con estas estrategias, podrás mantener tu motivación y alcanzar tus objetivos financieros.

# La felicidad y el frugalismo

El frugalismo es un estilo de vida que se basa en vivir de manera sencilla, ahorrar dinero y evitar el consumismo excesivo. Pero, ¿puede este estilo de vida hacerte más feliz? La respuesta es sí, y en este capítulo exploraremos cómo el frugalismo puede tener un impacto positivo en tu felicidad.

En primer lugar, el frugalismo puede ayudarte a reducir el estrés financiero. Cuando te enfocas en vivir con menos y gastar menos, tienes menos presión para ganar más dinero y mantener un estilo de vida costoso. Esto puede permitirte tener más libertad financiera, lo que puede traducirse en menos estrés y preocupaciones relacionadas con el dinero.

Además, el frugalismo también puede ayudarte a valorar más lo que tienes en lugar de enfocarte en lo que te falta. En lugar de estar constantemente buscando la última moda o el último gadget, el frugalismo te enseña a valorar las cosas que ya tienes. Esto puede ayudarte a sentirte más agradecido y satisfecho con lo que tienes, en lugar de siempre buscar algo más.

Otro aspecto del frugalismo que puede tener un impacto positivo en tu felicidad es la oportunidad de vivir con propósito. Cuando estás enfocado en gastar menos y vivir con menos, puedes comenzar a pensar en cómo puedes utilizar ese dinero extra y ese tiempo extra para cosas que realmente importan para ti. Esto puede incluir pasatiempos, proyectos creativos, viajes o incluso causas benéficas. Al vivir con un propósito, puedes sentir una mayor satisfacción en la vida y un sentido de logro.

Además, el frugalismo también puede ayudarte a desarrollar relaciones más significativas. En lugar de gastar dinero en actividades costosas, el frugalismo te invita a buscar formas más económicas y creativas de pasar tiempo con tus seres queridos. Esto puede incluir cenas en casa, caminatas al aire libre, noches de juegos o simplemente pasar tiempo juntos en un lugar tranquilo. Al reducir el enfoque en el consumo y la acumulación de cosas, el frugalismo te permite concentrarte en las relaciones que realmente importan.

En resumen, el frugalismo puede hacerte más feliz al reducir el estrés financiero, ayudarte a valorar más lo que tienes, permitirte vivir con propósito y fomentar relaciones más significativas. Al concentrarte en vivir con menos y gastar menos, puedes encontrar una mayor satisfacción en la vida y un sentido de logro en tus propios términos. Si bien el frugalismo puede no ser para todos, puede ser una forma poderosa de encontrar la felicidad y el propósito en la vida.

# Conclusiones

En conclusión, el frugalismo puede ser una herramienta poderosa para alcanzar tus metas financieras y vivir una vida más plena y satisfactoria. A través de la práctica del frugalismo, puedes reducir tus gastos, ahorrar más dinero y vivir con menos estrés financiero.

Pero el frugalismo no se trata solo de ahorrar dinero. También se trata de encontrar formas creativas de vivir bien sin gastar demasiado, cultivar la gratitud por lo que tienes y valorar lo que realmente importa en la vida. El frugalismo puede ayudarte a encontrar una sensación de satisfacción y felicidad que no proviene de la acumulación de bienes materiales, sino de vivir de manera consciente y consciente.

Además, el frugalismo también puede ayudarte a conectarte con una comunidad de personas que comparten tus valores y te apoyan en tu camino hacia una vida más frugal y significativa. Puedes intercambiar ideas, aprender unos de otros y encontrar nuevas formas de ahorrar dinero y vivir bien.

En última instancia, el frugalismo es una elección personal. No es una solución milagrosa para todos tus problemas financieros, pero puede ser una herramienta poderosa para ayudarte a alcanzar tus metas y vivir una vida más satisfactoria. Si estás buscando formas de reducir tus gastos, ahorrar más dinero y vivir con menos estrés financiero, el frugalismo puede ser el camino para ti. Recuerda que cada pequeño paso cuenta y que puedes encontrar la felicidad y la satisfacción en una vida más sencilla y consciente.

¡Muchas gracias por leer nuestro libro sobre frugalismo! Esperamos que hayas disfrutado aprendiendo sobre cómo ahorrar dinero y vivir una vida más plena y satisfactoria. Si te ha gustado el libro, te agradeceríamos si pudieras dejarnos una reseña positiva en línea. ¡Tu opinión es muy importante para nosotros! Gracias de nuevo por tu tiempo y apoyo.